Malnehmen mit 2

①

6 · 2 = 12
0 · 2 =
5 · 2 =
7 · 2 =
2 · 2 =
4 · 2 =
10 · 2 =
3 · 2 =

②

2 → · 5 → 10
2 → · 8 →
2 → · 4 →
2 → · 2 →
2 → · 7 →
2 → · 1 →
2 → · 6 →
2 → · 9 →

③

10 · 2 = 20	9 · 2 =
4 · 2 =	3 · 2 =
6 · 2 =	8 · 2 =
7 · 2 =	5 · 2 =
2 · 2 =	0 · 2 =

④

[illegible]
2 · 3 =
2 · 7 =
2 · 0 =
2 · 4 =
2 · 1 =
2 · 9 =
2 · 2 =

⑤

2 · 4 = 8
2 · 8 =
2 · 10 =
2 · 5 =
2 · 9 =
2 · 0 =
2 · 7 =
2 · 6 =

⑥

9 · 2 =
6 · 2 =
2 · 2 =
5 · 2 =
3 · 2 =
7 · 2 =
8 · 2 =
4 · 2 =

⑦

·	7	4	9	6	2	10	8	5	3
2	14								

·	0	2	5	8	1	7	3	6	4
2									

⑧

2 · 2 = 4
2 · 4 = ___
2 · 7 = ___
2 · 6 = ___
2 · 3 = ___
2 · 5 = ___

⑨

0 · 2 = ___
8 · 2 = ___
7 · 2 = ___
5 · 2 = ___
10 · 2 = ___
9 · 2 = ___

Teilen durch 2

①

16 : 2	4
8 : 2	6
12 : 2	8
20 : 2	1
2 : 2	3
6 : 2	10
18 : 2	5
10 : 2	7
4 : 2	9
14 : 2	2

②

	: 2	
14		7
18		
10		
20		
12		
16		

③

6 : 2	8
16 : 2	3
2 : 2	5
10 : 2	0
0 : 2	1
12 : 2	2
18 : 2	6
4 : 2	9
14 : 2	4
8 : 2	7

④

10 : 2 = 5

14 : 2 =

18 : 2 =

12 : 2 =

16 : 2 =

20 : 2 =

⑤

0 : 2 =

8 : 2 =

4 : 2 =

10 : 2 =

2 : 2 =

6 : 2 =

⑥

: 2

20	10
16	
14	
18	

⑦

14 : 2 = 7

10 : 2 = ___

16 : 2 = ___

12 : 2 = ___

⑧

: 2

4	
8	
10	
6	

⑨

16 : 2 = 8

6 : 2 =

10 : 2 =

18 : 2 =

⑩

12 : 2 =

20 : 2 =

14 : 2 =

8 : 2 =

Malnehmen mit 3

①

21	5 · 3
15	3 · 3
27	7 · 3
9	9 · 3
18	10 · 3
30	6 · 3
12	1 · 3
3	2 · 3
24	4 · 3
6	8 · 3

②

	· 3	
6		
4		
8		
0		
7		
5		

③

0	3 · 7
21	3 · 0
15	3 · 10
9	3 · 5
30	3 · 3
18	3 · 2
6	3 · 9
24	3 · 6
12	3 · 8
27	3 · 4

④

8 · 3 = ____

7 · 3 = ____

6 · 3 = ____

9 · 3 = ____

⑤

· 3	
6	
10	
0	
8	

⑥

3 · 7 =

3 · 5 =

3 · 10 =

3 · 8 =

3 · 6 =

3 · 9 =

⑦

2 · 3 =

4 · 3 =

0 · 3 =

5 · 3 =

1 · 3 =

3 · 3 =

⑧

6 · 3 =

4 · 3 =

9 · 3 =

5 · 3 =

⑨

3 · 3 =

10 · 3 =

8 · 3 =

7 · 3 =

⑩

· 3	
4	
5	
9	
7	

Teilen durch 3

①

18 : 3 = 6
24 : 3 =
12 : 3 =
21 : 3 =
30 : 3 =
9 : 3 =
27 : 3 =
15 : 3 =

②

12 : 3 = 4	15 : 3 =
6 : 3 =	0 : 3 =
27 : 3 =	24 : 3 =
18 : 3 =	9 : 3 =
3 : 3 =	21 : 3 =

③

30 → : 3 → 10
18 → : 3 →
24 → : 3 →
12 → : 3 →
27 → : 3 →
15 → : 3 →
9 → : 3 →
21 → : 3 →

④

6 : 3 =
15 : 3 =
0 : 3 =
9 : 3 =
18 : 3 =
3 : 3 =
21 : 3 =
12 : 3 =

⑤

15	27	21	6	30	18	9	24	12	:
5									3

⑥

18	3	9	15	24	0	12	6	21	:
									3

⑦

1 = 3 : 3
= 15 : 3
= 9 : 3
= 21 : 3
= 6 : 3
= 18 : 3
= 24 : 3
= 12 : 3

⑧

= 9 : 3
= 18 : 3
= 12 : 3
= 27 : 3
= 15 : 3
= 0 : 3
= 21 : 3
= 3 : 3

⑨

24 : 3 = 8
21 : 3 =
12 : 3 =
0 : 3 =
30 : 3 =
15 : 3 =

⑩

27 : 3 =
6 : 3 =
18 : 3 =
3 : 3 =
9 : 3 =
24 : 3 =

Malnehmen mit 4

①

7 · 4 =

9 · 4 =

4 · 4 =

8 · 4 =

6 · 4 =

3 · 4 =

5 · 4 =

10 · 4 =

②

4 → · 2 →

4 → · 5 →

4 → · 0 →

4 → · 7 →

4 → · 4 →

4 → · 1 →

4 → · 3 →

4 → · 6 →

③

9 · 4 =	7 · 4 =
2 · 4 =	10 · 4 =
5 · 4 =	3 · 4 =
8 · 4 =	1 · 4 =
4 · 4 =	6 · 4 =

④

4 · 3 =

4 · 5 =

4 · 7 =

4 · 0 =

4 · 4 =

4 · 6 =

4 · 2 =

4 · 8 =

⑤

8 · 4 =

6 · 4 =

10 · 4 =

7 · 4 =

4 · 4 =

0 · 4 =

5 · 4 =

9 · 4 =

⑥

4 · 6 =

4 · 3 =

4 · 5 =

4 · 9 =

4 · 7 =

4 · 4 =

4 · 8 =

4 · 10 =

⑦

·	4	9	5	6	10	8	2	7	3
4									

⑧

·	6	2	7	1	4	3	9	0	5
4									

⑨

5 · 4 = ____

3 · 4 = ____

7 · 4 = ____

9 · 4 = ____

6 · 4 = ____

8 · 4 = ____

⑩

4 · 0 = ____

4 · 8 = ____

4 · 6 = ____

4 · 10 = ____

4 · 7 = ____

4 · 9 = ____

Teilen durch 4

①

28	:	4	=	7
12	:	4	=	
20	:	4	=	
0	:	4	=	
36	:	4	=	
4	:	4	=	
24	:	4	=	
32	:	4	=	
16	:	4	=	
40	:	4	=	
8	:	4	=	

②

40 : 4	8
32 : 4	1
24 : 4	10
4 : 4	6
16 : 4	0
36 : 4	9
0 : 4	4
8 : 4	3
20 : 4	2
12 : 4	5
28 : 4	7

③

4 : 4 = 1	24 : 4 =
28 : 4 =	16 : 4 =
20 : 4 =	32 : 4 =
40 : 4 =	8 : 4 =
12 : 4 =	36 : 4 =

④

36 → : 4 → 9

20 → : 4 →

28 → : 4 →

40 → : 4 →

24 → : 4 →

12 → : 4 →

32 → : 4 →

16 → : 4 →

⑤

32 : 4 = 8	28 : 4 =
4 : 4 =	16 : 4 =
24 : 4 =	8 : 4 =
12 : 4 =	36 : 4 =
0 : 4 =	20 : 4 =
40 : 4 =	24 : 4 =

⑥

20, 36, 8, 28, 16, 40, 12, 32, 24 → : 4 → 5, …

Malnehmen mit 5

①

10 · 5 =	0 · 5 =
3 · 5 =	5 · 5 =
6 · 5 =	9 · 5 =
2 · 5 =	7 · 5 =
8 · 5 =	4 · 5 =

②

40	5 · 1
0	5 · 8
30	5 · 4
5	5 · 0
20	5 · 6
10	5 · 3
15	5 · 10
50	5 · 7
25	5 · 2
35	5 · 9
45	5 · 5

③

	=	9	·	5
	=	4	·	5
	=	6	·	5
	=	3	·	5
	=	8	·	5
	=	0	·	5
	=	1	·	5
	=	5	·	5
	=	7	·	5
	=	10	·	5
	=	2	·	5

④

3, 7, 4, 9, 2, 8, 6, 10, 5 → · 5 →

⑤

5 · 3 =	2 · 5 =
5 · 9 =	8 · 5 =
5 · 5 =	6 · 5 =
5 · 0 =	7 · 5 =
5 · 2 =	10 · 5 =
5 · 6 =	4 · 5 =

⑥

6 → · 5 →

3 → · 5 →

8 → · 5 →

5 → · 5 →

9 → · 5 →

4 → · 5 →

7 → · 5 →

2 → · 5 →

Teilen durch 5

①

25 : 5 = 5

35 : 5 =

15 : 5 =

0 : 5 =

45 : 5 =

20 : 5 =

5 : 5 =

30 : 5 =

40 : 5 =

10 : 5 =

②

2	← 10 : 5		← 40 : 5
	← 0 : 5		← 25 : 5
	← 45 : 5		← 50 : 5
	← 20 : 5		← 30 : 5
	← 35 : 5		← 15 : 5

③ : 5

30	6
20	
35	
25	
40	

④ : 5

15	
50	
25	
45	
20	

⑤ : 5

0	
35	
15	
30	
45	

⑥

9 = 45 : 5
= 20 : 5
= 35 : 5
= 5 : 5
= 50 : 5
= 25 : 5
= 10 : 5
= 40 : 5
= 15 : 5
= 30 : 5

⑦

50 : 5 = 10 | 20 : 5 = | 40 : 5 =

25 : 5 = | 45 : 5 = | 10 : 5 =

35 : 5 = | 30 : 5 = | 15 : 5 =

⑧

2 = 10 : 5	= 20 : 5
= 40 : 5	= 0 : 5
= 30 : 5	= 50 : 5

Malnehmen mit 6

①

0 · 6 →		4 · 6 →	
6 · 6 →		2 · 6 →	
3 · 6 →		7 · 6 →	
8 · 6 →		9 · 6 →	
5 · 6 →		1 · 6 →	

②

= 6 · 7

= 6 · 2

= 6 · 6

= 6 · 8

= 6 · 3

= 6 · 5

= 6 · 10

= 6 · 1

= 6 · 4

= 6 · 9

③

10 · 6 =
4 · 6 =
7 · 6 =
5 · 6 =
9 · 6 =
1 · 6 =
3 · 6 =
8 · 6 =
2 · 6 =
6 · 6 =

④ · 6

8	
6	
4	
7	
5	

⑤ · 6

2	
4	
6	
5	
3	

⑥ · 6

9	
3	
0	
10	
4	

⑦

= 6 · 1	= 6 · 5	= 6 · 3
= 6 · 7	= 6 · 2	= 6 · 8
= 6 · 4	= 6 · 9	= 6 · 6

⑧

3 · 6 = ☐	5 · 6 = ☐
6 · 6 = ☐	4 · 6 = ☐
9 · 6 = ☐	7 · 6 = ☐

Teilen durch 6

①

3	54 : 6
2	12 : 6
6	18 : 6
9	36 : 6
1	42 : 6
7	6 : 6
4	60 : 6
10	30 : 6
8	24 : 6
5	48 : 6

②

42	
54	
30	
60	
36	
48	

: 6

③

4	48 : 6
8	30 : 6
5	24 : 6
0	18 : 6
3	54 : 6
6	0 : 6
9	36 : 6
1	42 : 6
7	12 : 6
2	6 : 6

④

60 : 6 = ____

48 : 6 = ____

24 : 6 = ____

18 : 6 = ____

⑤

: 6

42	
12	
54	
36	

⑥

12 : 6 =

30 : 6 =

48 : 6 =

0 : 6 =

24 : 6 =

42 : 6 =

6 : 6 =

54 : 6 =

36 : 6 =

18 : 6 =

60 : 6 =

66 : 6 =

⑦

= 18 : 6

= 42 : 6

= 54 : 6

= 24 : 6

⑧

= 36 : 6

= 12 : 6

= 30 : 6

= 48 : 6

⑨

: 6

0	
48	
60	
24	

Malnehmen mit 7

①

9 · 7	14
4 · 7	42
2 · 7	63
8 · 7	28
6 · 7	56
3 · 7	70
10 · 7	7
5 · 7	21
1 · 7	35
7 · 7	49

②

	· 7	
2		
5		
7		
3		
6		
4		

③

1 · 7	21
6 · 7	42
3 · 7	7
5 · 7	56
2 · 7	35
8 · 7	14
0 · 7	49
7 · 7	0
9 · 7	28
4 · 7	63

④

7 · 0 =
7 · 3 =
7 · 7 =
7 · 10 =
7 · 4 =
7 · 1 =
7 · 6 =
7 · 8 =
7 · 2 =
7 · 5 =
7 · 9 =
7 · 11 =

⑤

· 7	
10	
6	
3	
7	

⑥

7 · 5 = ____
7 · 8 = ____
7 · 6 = ____
7 · 10 = ____

⑦

· 7	
8	
4	
9	
5	

⑧

7 · 4 =
7 · 9 =
7 · 3 =
7 · 8 =

⑨

7 · 6 =
7 · 2 =
7 · 5 =
7 · 7 =

Teilen durch 7

①

56 : 7 =
42 : 7 =
63 : 7 =
28 : 7 =
70 : 7 =
49 : 7 =
21 : 7 =
35 : 7 =

②

14 → :7 →
0 → :7 →
35 → :7 →
21 → :7 →
7 → :7 →
49 → :7 →
42 → :7 →
28 → :7 →

③

49 : 7 =	28 : 7 =
21 : 7 =	70 : 7 =
63 : 7 =	14 : 7 =
7 : 7 =	42 : 7 =
35 : 7 =	56 : 7 =

④

= 21 : 7
= 42 : 7
= 63 : 7
= 28 : 7
= 56 : 7
= 70 : 7
= 35 : 7
= 49 : 7

⑤

42 : 7 =
63 : 7 =
14 : 7 =
21 : 7 =
49 : 7 =
35 : 7 =
56 : 7 =
28 : 7 =

⑥

7 : 7 =
28 : 7 =
35 : 7 =
0 : 7 =
56 : 7 =
14 : 7 =
42 : 7 =
21 : 7 =

⑦

35	14	56	28	0	49	7	21	42	:
									7

70	28	63	21	56	35	49	14	42	:
									7

⑧

___ = 49 : 7
___ = 35 : 7
___ = 70 : 7
___ = 56 : 7
___ = 63 : 7
___ = 42 : 7

⑨

___ = 0 : 7
___ = 28 : 7
___ = 14 : 7
___ = 42 : 7
___ = 21 : 7
___ = 35 : 7

Malnehmen mit 8

①

10 · 8 =
7 · 8 =
9 · 8 =
6 · 8 =
8 · 8 =
4 · 8 =
2 · 8 =
5 · 8 =

②

8 · 0 =	8 · 3 =
8 · 9 =	8 · 1 =
8 · 2 =	8 · 4 =
8 · 8 =	8 · 7 =
8 · 5 =	8 · 6 =

③

7 → · 8 → ☐
6 → · 8 → ☐
5 → · 8 → ☐
4 → · 8 → ☐
9 → · 8 → ☐
3 → · 8 → ☐
8 → · 8 → ☐
10 → · 8 → ☐

④

8 · 1 =
8 · 2 =
8 · 5 =
8 · 3 =
8 · 7 =
8 · 6 =
8 · 8 =
8 · 4 =

⑤

·	2	1	8	3	9	5	7	4	6
8									

·	9	5	10	7	4	8	2	6	3
8									

⑥

◯ = 8 · 4
◯ = 8 · 0
◯ = 8 · 3
◯ = 8 · 5
◯ = 8 · 1
◯ = 8 · 7
◯ = 8 · 2
◯ = 8 · 6

⑦

◯ = 8 · 9
◯ = 8 · 10
◯ = 8 · 4
◯ = 8 · 8
◯ = 8 · 6
◯ = 8 · 3
◯ = 8 · 5
◯ = 8 · 7

⑧

8 · 8 = ____
6 · 8 = ____
4 · 8 = ____
7 · 8 = ____
3 · 8 = ____
5 · 8 = ____

⑨

8 · 2 = ____
8 · 0 = ____
8 · 9 = ____
8 · 4 = ____
8 · 10 = ____
8 · 7 = ____

Teilen durch 8

①

24 : 8 =	56 : 8 =
8 : 8 =	72 : 8 =
48 : 8 =	32 : 8 =
64 : 8 =	16 : 8 =
40 : 8 =	80 : 8 =

②

4	0 : 8
6	16 : 8
0	32 : 8
2	48 : 8
5	72 : 8
9	8 : 8
1	40 : 8
10	80 : 8
8	24 : 8
7	64 : 8
3	56 : 8

③

	=	8	:	8
	=	32	:	8
	=	64	:	8
	=	0	:	8
	=	40	:	8
	=	24	:	8
	=	56	:	8
	=	80	:	8
	=	16	:	8
	=	72	:	8
	=	48	:	8

④

16, 56, 40, 8, 32, 0, 24, 64, 48 → : 8 →

⑤

80 : 8 =	= 40 : 8
56 : 8 =	= 0 : 8
40 : 8 =	= 16 : 8
64 : 8 =	= 24 : 8
48 : 8 =	= 8 : 8
72 : 8 =	= 32 : 8

⑥

72 — : 8 →

64 — : 8 →

48 — : 8 →

80 — : 8 →

16 — : 8 →

32 — : 8 →

56 — : 8 →

40 — : 8 →

Malnehmen mit 9

①

10	·	9	=	
2	·	9	=	
8	·	9	=	
4	·	9	=	
0	·	9	=	
9	·	9	=	
3	·	9	=	
6	·	9	=	
1	·	9	=	
5	·	9	=	
7	·	9	=	

②

9 · 0	54
9 · 6	9
9 · 4	0
9 · 1	18
9 · 8	36
9 · 2	72
9 · 5	27
9 · 10	45
9 · 3	81
9 · 7	90
9 · 9	63

③

= 8 · 9	= 5 · 9
= 10 · 9	= 2 · 9
= 3 · 9	= 9 · 9
= 6 · 9	= 4 · 9
= 1 · 9	= 7 · 9

④

3 → ·9 →

6 → ·9 →

9 → ·9 →

4 → ·9 →

10 → ·9 →

7 → ·9 →

5 → ·9 →

8 → ·9 →

⑤

= 9 · 6	2 · 9 =
= 9 · 9	5 · 9 =
= 9 · 7	1 · 9 =
= 9 · 0	4 · 9 =
= 9 · 10	3 · 9 =
= 9 · 8	6 · 9 =

⑥

5, 2, 6, 3, 9, 10, 8, 4, 7 → ·9 →

Teilen durch 9

①

81 : 9	→	54 : 9	→
36 : 9	→	27 : 9	→
90 : 9	→	63 : 9	→
18 : 9	→	9 : 9	→
45 : 9	→	72 : 9	→

②

= 9 : 9

= 72 : 9

= 36 : 9

= 18 : 9

= 54 : 9

= 90 : 9

= 63 : 9

= 27 : 9

= 45 : 9

= 81 : 9

③

18 : 9 =
63 : 9 =
0 : 9 =
54 : 9 =
36 : 9 =
72 : 9 =
9 : 9 =
27 : 9 =
81 : 9 =
45 : 9 =

④

: 9	
72	
36	
54	
45	
63	

⑤

: 9	
27	
45	
81	
36	
54	

⑥

:9	
0	
63	
36	
90	
27	

⑦

54 : 9 = 72 : 9 = 36 : 9 =

27 : 9 = 45 : 9 = 90 : 9 =

81 : 9 = 18 : 9 = 63 : 9 =

⑧

45 : 9 = 18 : 9 =

27 : 9 = 36 : 9 =

63 : 9 = 54 : 9 =

Malnehmen mit 10

①

$4 \cdot 10 =$

$1 \cdot 10 =$

$8 \cdot 10 =$

$5 \cdot 10 =$

$9 \cdot 10 =$

$6 \cdot 10 =$

$0 \cdot 10 =$

$2 \cdot 10 =$

$7 \cdot 10 =$

$3 \cdot 10 =$

②

☐ ←	$10 \cdot 10$	☐ ←	$10 \cdot 7$
☐ ←	$10 \cdot 5$	☐ ←	$10 \cdot 2$
☐ ←	$10 \cdot 9$	☐ ←	$10 \cdot 8$
☐ ←	$10 \cdot 3$	☐ ←	$10 \cdot 4$
☐ ←	$10 \cdot 6$	☐ ←	$10 \cdot 1$

③ $\cdot 10$

5	
2	
4	
1	
3	

④ $\cdot 10$

9	
4	
7	
8	
6	

⑤ $\cdot 10$

7	
8	
10	
0	
9	

⑥

$0 \cdot 10 =$
$3 \cdot 10 =$
$5 \cdot 10 =$
$1 \cdot 10 =$
$9 \cdot 10 =$
$2 \cdot 10 =$
$8 \cdot 10 =$
$7 \cdot 10 =$
$4 \cdot 10 =$
$6 \cdot 10 =$

⑦

$= 6 \cdot 10$	$= 4 \cdot 10$	$= 1 \cdot 10$
$= 9 \cdot 10$	$= 2 \cdot 10$	$= 8 \cdot 10$
$= 5 \cdot 10$	$= 7 \cdot 10$	$= 3 \cdot 10$

⑧

☐ $= 10 \cdot 7$	☐ $= 10 \cdot 8$
☐ $= 10 \cdot 5$	☐ $= 10 \cdot 10$
☐ $= 10 \cdot 9$	☐ $= 10 \cdot 6$

Teilen durch 10

①

10 : 10	5
70 : 10	7
20 : 10	1
50 : 10	2
80 : 10	3
30 : 10	8
100 : 10	9
40 : 10	10
90 : 10	4
60 : 10	6

②

	: 10	
80		
0		
90		
40		
100		
70		

③

0 : 10	7
70 : 10	5
50 : 10	0
10 : 10	6
60 : 10	2
40 : 10	1
20 : 10	4
90 : 10	3
30 : 10	9
80 : 10	8

④

= 30 : 10
= 60 : 10
= 90 : 10
= 10 : 10
= 70 : 10
= 20 : 10
= 0 : 10
= 50 : 10
= 100 : 10
= 80 : 10
= 40 : 10
= 90 : 10

⑤

: 10	
100	
30	
80	
50	

⑥

60 : 10 = ____
90 : 10 = ____
50 : 10 = ____
70 : 10 = ____

⑦

: 10	
40	
70	
60	
20	

⑧

= 30 : 10
= 60 : 10
= 90 : 10
= 80 : 10

⑨

= 50 : 10
= 10 : 10
= 70 : 10
= 40 : 10

Malnehmen mit 2 und 4

①

18	2 · 3
6	4 · 10
10	2 · 9
40	4 · 8
24	2 · 5
32	4 · 6
14	2 · 1
2	4 · 9
28	2 · 7
36	4 · 7

②

	· 4	
3		
8		
6		
4		
7		
5		

③

20	0 · 4
0	7 · 2
6	5 · 4
18	3 · 2
14	7 · 4
28	9 · 2
24	4 · 4
16	5 · 2
2	6 · 4
10	1 · 2

④

7 · 2 = ____

9 · 4 = ____

8 · 2 = ____

6 · 4 = ____

⑤

· 2	
4	
10	
5	
6	

⑥

0 · 4 =	8 · 2 =
5 · 2 =	6 · 4 =
3 · 4 =	9 · 2 =
7 · 2 =	7 · 4 =
9 · 4 =	10 · 2 =
6 · 2 =	8 · 4 =

⑦

= 2 · 10

= 4 · 6

= 2 · 8

= 4 · 4

⑧

= 4 · 9

= 2 · 3

= 4 · 7

= 2 · 5

⑨

· 4	
8	
2	
4	
7	

Teilen durch 2 und 4

①

18 : 2 =

16 : 4 =

16 : 2 =

20 : 4 =

14 : 2 =

36 : 4 =

8 : 2 =

28 : 4 =

②

= 36 : 4	= 10 : 2
= 14 : 2	= 28 : 4
= 24 : 4	= 16 : 2
= 18 : 2	= 40 : 4
= 32 : 4	= 12 : 2

③

0 → : 2 → ☐

20 → : 4 → ☐

16 → : 2 → ☐

28 → : 4 → ☐

14 → : 2 → ☐

16 → : 4 → ☐

18 → : 2 → ☐

24 → : 4 → ☐

④

= 24 : 4

= 12 : 2

= 20 : 4

= 14 : 2

= 12 : 4

= 8 : 2

= 16 : 4

= 10 : 2

⑤

8	14	4	18	10	20	12	6	16	:
									2

28	40	8	32	16	36	20	12	24	:
									4

⑥

○ = 12 : 2 ○ = 24 : 4

○ = 16 : 4 ○ = 20 : 2

○ = 8 : 2 ○ = 32 : 4

○ = 40 : 4 ○ = 14 : 2

○ = 18 : 2 ○ = 12 : 4

○ = 28 : 4 ○ = 10 : 2

○ = 16 : 2 ○ = 36 : 4

○ = 20 : 4 ○ = 6 : 2

⑦

12 : 4 = ____

8 : 2 = ____

4 : 4 = ____

12 : 2 = ____

8 : 4 = ____

10 : 2 = ____

⑧

6 : 2 = ____

20 : 4 = ____

0 : 2 = ____

16 : 4 = ____

4 : 2 = ____

24 : 4 = ____

Malnehmen mit 3 und 6

①

4 · 3 =

5 · 6 =

2 · 3 =

10 · 6 =

6 · 3 =

3 · 6 =

5 · 3 =

9 · 6 =

②

6	· 6 →	
10	· 3 →	
8	· 6 →	
7	· 3 →	
4	· 6 →	
1	· 3 →	
7	· 6 →	
9	· 3 →	

③

= 5 · 3	= 8 · 6
= 3 · 6	= 8 · 3
= 6 · 3	= 10 · 6
= 9 · 6	= 7 · 3
= 9 · 3	= 2 · 6

④

6 · 7 =

3 · 8 =

6 · 4 =

3 · 10 =

6 · 5 =

3 · 4 =

6 · 1 =

3 · 9 =

⑤

7 · 3 = ____ 5 · 6 = ____

9 · 6 = ____ 2 · 3 = ____

5 · 3 = ____ 0 · 6 = ____

4 · 6 = ____ 6 · 3 = ____

8 · 3 = ____ 8 · 6 = ____

7 · 6 = ____ 3 · 3 = ____

4 · 3 = ____ 10 · 6 = ____

6 · 6 = ____ 9 · 3 = ____

⑥

·	4	9	5	10	6	8	2	3	7
3									

·	7	4	1	8	3	0	6	2	5
6									

⑦

____ = 6 · 3
____ = 3 · 10
____ = 6 · 9
____ = 3 · 7
____ = 6 · 1
____ = 3 · 8

⑧

____ = 6 · 0
____ = 3 · 4
____ = 6 · 2
____ = 3 · 9
____ = 6 · 8
____ = 3 · 5

Teilen durch 3 und 6

①

12	:	3	=	
36	:	6	=	
6	:	3	=	
48	:	6	=	
18	:	3	=	
60	:	6	=	
3	:	3	=	
12	:	6	=	
9	:	3	=	
54	:	6	=	
24	:	3	=	

②

0 : 6	2
18 : 3	7
12 : 6	0
21 : 3	6
60 : 6	4
3 : 3	10
24 : 6	1
24 : 3	5
54 : 6	8
15 : 3	3
18 : 6	9

③

= 12 : 3	= 18 : 6
= 36 : 6	= 15 : 3
= 27 : 3	= 60 : 6
= 42 : 6	= 24 : 3
= 30 : 3	= 12 : 6

④

30 — : 6 →

21 — : 3 →

60 — : 6 →

27 — : 3 →

42 — : 6 →

15 — : 3 →

18 — : 6 →

12 — : 3 →

⑤

18 : 3 =	= 36 : 6
12 : 6 =	= 30 : 3
3 : 3 =	= 54 : 6
24 : 6 =	= 6 : 3
24 : 3 =	= 6 : 6
48 : 6 =	= 9 : 3

⑥

54, 18, 48, 24, 36, 60, 12, 42, 30 → : 6 →

Malnehmen mit 5 und 10

①

9 · 5 =	9 · 10 =
8 · 10 =	6 · 5 =
5 · 5 =	7 · 10 =
4 · 10 =	8 · 5 =
7 · 5 =	6 · 10 =

②

40	6 · 10
60	7 · 5
35	4 · 10
50	3 · 5
15	8 · 10
45	9 · 5
80	5 · 10
10	5 · 5
25	9 · 10
90	2 · 5
70	7 · 10

③

5	·	6	=	
10	·	0	=	
5	·	10	=	
10	·	2	=	
5	·	7	=	
10	·	4	=	
5	·	9	=	
10	·	3	=	
5	·	4	=	
10	·	5	=	
5	·	8	=	

④

7, 4, 10, 6, 9, 3, 8, 0, 5 → · 5 →

⑤

4 · 10 =	= 8 · 5
6 · 5 =	= 5 · 10
8 · 10 =	= 5 · 5
7 · 5 =	= 3 · 10
6 · 10 =	= 9 · 5
10 · 5 =	= 7 · 10

⑥

6 → ·5 →

4 → ·10 →

8 → ·5 →

3 → ·10 →

9 → ·5 →

5 → ·10 →

7 → ·5 →

2 → ·10 →

Teilen durch 5 und 10

①

15 : 5 =

90 : 10 =

25 : 5 =

70 : 10 =

45 : 5 =

50 : 10 =

0 : 5 =

80 : 10 =

35 : 5 =

60 : 10 =

②

☐ ← 40 : 10 ☐ ← 25 : 5

☐ ← 15 : 5 ☐ ← 20 : 10

☐ ← 60 : 10 ☐ ← 10 : 5

☐ ← 30 : 5 ☐ ← 50 : 10

☐ ← 30 : 10 ☐ ← 20 : 5

③ : 5

15	
30	
25	
50	
10	

④ : 10

100	
30	
80	
90	
70	

⑤ : 5

40	
5	
45	
20	
35	

⑥

= 70 : 10
= 10 : 5
= 50 : 10
= 20 : 5
= 100 : 10
= 25 : 5
= 80 : 10
= 15 : 5
= 60 : 10
= 30 : 5

⑦

30 : 10 = 10 : 5 = 50 : 10 =

15 : 5 = 60 : 10 = 5 : 5 =

70 : 10 = 20 : 5 = 40 : 10 =

⑧

☐ = 50 : 5 ☐ = 90 : 10

☐ = 70 : 10 ☐ = 45 : 5

☐ = 35 : 5 ☐ = 60 : 10

Vermischte Malaufgaben

①

6 · 8	→	5 · 6	→
4 · 5	→	8 · 7	→
5 · 9	→	4 · 9	→
7 · 6	→	6 · 0	→
5 · 4	→	8 · 9	→

②

= 7 · 4

= 6 · 5

= 7 · 9

= 2 · 8

= 8 · 6

= 5 · 9

= 6 · 7

= 9 · 9

= 4 · 8

= 5 · 3

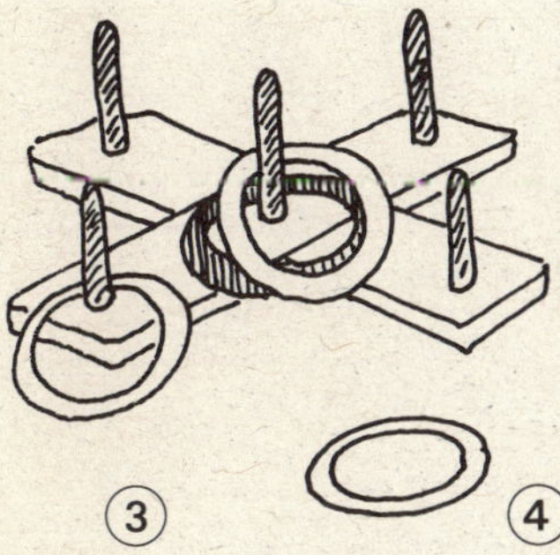

③

= 6 · 2
= 9 · 8
= 5 · 1
= 7 · 5
= 4 · 9
= 3 · 4
= 6 · 6
= 4 · 6
= 2 · 9
= 5 · 5

④ · 7

7	
9	
2	
4	
8	

⑤ · 9

5	
0	
9	
6	
10	

⑥ · 6

3	
8	
5	
2	
6	

⑦

8 · 3 = 5 · 2 = 6 · 4 =

4 · 8 = 8 · 8 = 5 · 8 =

6 · 3 = 7 · 3 = 3 · 9 =

⑧

5 · 7 = 4 · 4 =

6 · 9 = 4 · 7 =

7 · 2 = 5 · 8 =

Vermischte Teilaufgaben

①

5	16 : 2
3	3 : 3
8	20 : 4
1	6 : 2
10	18 : 3
4	40 : 4
6	4 : 2
2	12 : 3
9	28 : 4
7	18 : 2

②

	: 7	
56		
28		
42		
35		
63		
49		

③

7	27 : 3
9	8 : 4
2	20 : 5
6	21 : 3
4	24 : 4
10	5 : 5
1	30 : 3
8	12 : 4
3	40 : 5
5	15 : 3

④

18 : 9 = ____

35 : 7 = ____

54 : 6 = ____

56 : 8 = ____

⑤

: 9

63	
81	
45	
54	

⑥

45 : 9 = | 56 : 7 =

21 : 7 = | 27 : 9 =

80 : 8 = | 6 : 6 =

36 : 6 = | 42 : 7 =

72 : 9 = | 48 : 8 =

63 : 7 = | 12 : 6 =

⑦

= 0 : 6 | = 15 : 5

= 90 : 9 | = 72 : 8

= 25 : 5 | = 54 : 9

= 7 : 7 | = 24 : 6

⑧

: 8

48	
72	
64	
56	

Hin und her im Einmaleins

①

6 · 8	40
7 · 7	45
5 · 9	48
8 · 5	49
7 · 8	54
8 · 8	56
6 · 9	60
10 · 6	64
9 · 9	72
8 · 9	81

②

6	· 4	
4		
8		
5		
7		
9		

③

9 · 3	24
8 · 4	27
6 · 4	28
4 · 7	30
9 · 4	32
6 · 5	35
7 · 9	36
5 · 7	50
10 · 10	63
10 · 5	100

④

3 · = 27	4 · = 16
5 · = 45	7 · = 56
6 · = 48	3 · = 12
2 · = 18	9 · = 27
8 · = 40	5 · = 15
4 · = 32	6 · = 54

⑤

· 7	
5	
6	
9	
3	

⑥

36 = ___ · 4

18 = ___ · 9

42 = ___ · 7

15 = ___ · 3

⑦

· 5	
4	
2	
7	
8	

⑧

8 · = 24	7 · = 49
10 · = 80	9 · = 0
6 · = 30	2 · = 16
4 · = 40	5 · = 20

Teilaufgaben — bunt gemixt

①

30 : = 6
80 : = 10
28 : = 7
54 : = 9
28 : = 4
16 : = 8
18 : = 2
15 : = 5

②

63 → : → 9
32 → : → 8
90 → : → 9
64 → : → 8
45 → : → 9
72 → : → 8
27 → : → 9
48 → : → 8

③

18 : = 3	49 : = 7
20 : = 4	1 : = 1
35 : = 5	24 : = 8
16 : = 2	40 : = 10
42 : = 6	36 : = 9

④

40 : = 5
14 : = 7
36 : = 4
16 : = 8
10 : = 2
30 : = 10
24 : = 3
9 : = 9

⑤

24 : 4 =
45 : 9 =
15 : 5 =
27 : 3 =
10 : 10 =
24 : 6 =
56 : 8 =
42 : 7 =

64 : 8 =
18 : 6 =
20 : 10 =
49 : 7 =
20 : 4 =
36 : 9 =
24 : 3 =
10 : 5 =

⑥

20	36	12	24	40	28	8	32	16	:
									4

70	21	42	14	35	63	49	28	56	:
									7

⑦

48 : ___ = 8
64 : ___ = 8
32 : ___ = 8
72 : ___ = 8
40 : ___ = 8
56 : ___ = 8

⑧

54 : ___ = 6
42 : ___ = 6
24 : ___ = 6
12 : ___ = 6
36 : ___ = 6
18 : ___ = 6

Mal- und Teilaufgaben im Wechsel

①

- 7 · = 63
- 16 : = 8
- 7 · = 28
- 32 : = 8
- 7 · = 49
- 48 : = 8
- 7 · = 56
- 24 : = 8

②

15 = · 3	9 = : 8
8 = : 6	32 = · 4
63 = · 7	6 = : 7
7 = : 4	15 = · 5
35 = · 5	4 = : 9

③

- ☐ → : 5 → 9
- ☐ → · 3 → 27
- ☐ → : 7 → 6
- ☐ → · 8 → 16
- ☐ → : 4 → 8
- ☐ → · 5 → 25
- ☐ → : 6 → 4
- ☐ → · 2 → 18

④

- 48 = · 6
- 4 = : 9
- 36 = · 6
- 6 = : 9
- 54 = · 6
- 5 = : 9
- 18 = · 6
- 7 = : 9

⑤

·	5	8	4	10	6	9	3	7	0
3									

10	50	25	30	35	20	45	15	40	:
									5

⑥

◯ · 4 = 32	◯ : 9 = 8
◯ : 5 = 7	◯ · 8 = 40
◯ · 6 = 36	◯ : 7 = 6
◯ : 4 = 4	◯ · 9 = 81
◯ · 5 = 15	◯ : 8 = 3
◯ : 6 = 5	◯ · 7 = 14
◯ · 4 = 28	◯ : 9 = 2
◯ : 5 = 2	◯ · 8 = 80

⑦

- 28 = ___ · 4
- 10 = ___ : 10
- 12 = ___ · 3
- 3 = ___ : 8
- 42 = ___ · 6
- 9 = ___ : 5

⑧

- 7 = 21 : ___
- 48 = 6 · ___
- 3 = 27 : ___
- 45 = 5 · ___
- 4 = 24 : ___
- 18 = 9 · ___

Übungsseite „Malnehmen und Teilen“

①

3 · ___ = 12	9 = 27 : ___
28 : ___ = 4	40 = 8 · ___
7 · ___ = 56	4 = 16 : ___
36 : ___ = 6	14 = 2 · ___
6 · ___ = 48	5 = 30 : ___

②

64	27 : 3
9	49 : 7
7	8 · 8
56	32 : 4
24	9 · 9
8	7 · 8
81	4 · 6
6	30 : 6
54	18 : 3
5	9 · 6
4	20 : 5

③

4	·		=	32
12	:		=	3
6	·		=	36
32	:		=	4
8	·		=	48
14	:		=	2
10	·		=	0
45	:		=	9
7	·		=	21
35	:		=	5
9	·		=	27

④

28, 14, 49, 35, 0, 56, 21, 7, 42 → : 7 → ○

⑤

12 : ___ = 2	54 = ___ · 6
2 · ___ = 16	15 = ___ · 3
50 : ___ = 10	21 = ___ · 7
5 · ___ = 40	16 = ___ · 4
56 : ___ = 7	25 = ___ · 5
4 · ___ = 36	72 = ___ · 8

⑥

10	·	80
40	:	5
7	·	63
36	:	9
9	·	54
42	:	6
8	·	32
14	:	7

Die Seite für Einmaleins-Spezialisten

①

6	·		=	24
4	=	28	:	
7	·		=	49
3	=	15	:	
8	·		=	32
9	=	54	:	
5	·		=	25
4	=	40	:	
9	·		=	63
3	=	18	:	
4	·		=	36

②

3 · 6	42
48 : 8	8
6 · 7	18
64 : 8	6
7 · 3	45
28 : 4	5
5 · 9	21
15 : 3	27
4 · 6	7
32 : 8	4
9 · 3	24

③

21 = · 7	42 : = 6
20 : = 4	40 = · 10
32 = · 8	64 : = 8
30 : = 5	18 = · 9
16 = · 2	48 : = 6

④

20 —(:)→ 4

8 —(·)→ 48

18 —(:)→ 6

9 —(·)→ 27

40 —(:)→ 5

7 —(·)→ 14

100 —(:)→ 10

6 —(·)→ 42

⑤

· 2 = 14	4 = 12 :
: 7 = 4	24 = 4 ·
· 5 = 35	9 = 36 :
: 8 = 7	32 = 8 ·
· 6 = 48	5 = 10 :
: 9 = 4	0 = 10 ·

⑥

30, 60, 48, 18, 36, 24, 54, 12, 42 → : 6 → ◯ ◯ ◯ ◯ ◯ ◯ ◯ ◯ ◯

Jetzt ist gleich Schluss!

①

8 · = 24

5 = : 9

6 · = 30

9 = : 8

5 · = 15

8 = : 4

7 · = 63

6 = : 8

9 · = 27

3 = : 7

②

→	0 : 1	→	9 · 4
→	9 · 6	→	45 : 5
→	18 : 3	→	7 · 6
→	7 · 10	→	12 : 3
→	72 : 8	→	8 · 5

③

: 7	
49	
28	
35	
70	
56	

④

· 9	
7	
8	
6	
9	
5	

⑤

: 8	
48	
24	
72	
32	
64	

⑥

· 5 = 30
8 = : 6
· 4 = 12
9 = : 9
· 8 = 40
6 = : 4
· 10 = 90
5 = : 7
· 7 = 56
10 = : 4

⑦

6 · = 48 | 24 : = 4 | 7 · = 28

5 = : 7 | 27 = · 3 | 7 = : 8

9 · = 36 | 16 : = 2 | 4 · = 32

⑧

☐ = 20 : 2 | ☐ : 4 = 7

☐ = 0 · 10 | ☐ · 3 = 24

☐ = 48 : 6 | ☐ : 8 = 9